I0839926

QUELLE SOCIÉTÉ VOULONS-NOUS ?
OSONS L'OPTIMISME !

Les auteurs

Anne CHESNOT (psychologue) et Gilles ROULLET (responsable d'un service de sécurité), en réponse à leurs déceptions, peurs et incompréhensions liées au fonctionnement de notre société, ont entrepris de structurer une véritable réflexion à ce sujet. L'articulation de leur approche respective, très différente, a permis d'aboutir à l'analyse qui est présentée dans ce livre.

Remerciements

À tous ceux qui nous ont accompagnés depuis 2011 dans cette aventure : nos proches et nos moins proches, chacun à sa mesure et avec bienveillance.

Couverture
Odile GOUTIÈRE

Anne CHESNOT

Gilles ROULLET

QUELLE SOCIÉTÉ VOULONS-NOUS ?
OSONS L'OPTIMISME !

Auto-édition

PRÉFACE

Dans ce livre vous ne trouverez pas de solutions toutes faites mais plutôt un désir d'enclencher pour vous-mêmes une prise de conscience, une réflexion sur les conséquences de vos actes au sein de notre société.

Les deux auteurs, comme bien d'autres, partent du constat que dans notre société la violence est banalisée, que la loi du plus fort l'emporte. Ils décrivent clairement deux postures éducatives courantes enfant-adulte et leurs conséquences. Ces postures nous entraînent dans des modes relationnels de rivalité ou d'apparentement. Dans le mode relationnel d'apparentement, que ce soit dans nos relations familiales, amicales ou professionnelles, il y a véritablement de la confiance. Celle-ci peut changer considérablement notre société en nous guidant dans la résolution de conflit, l'échange et la nouveauté. Un tel changement peut paraître difficile à croire pour quelqu'un qui a toujours vécu dans des rapports violents... un peu comme ce qui se passait pour les hommes enfermés dans la fameuse caverne de Platon.

Nous pouvons avoir aussi le sentiment qu'un retour à la nature nous est difficile, comme si la modernité et la technologie pouvaient remplacer la nature. Le plaisir de l'homme à créer des machines de plus en plus performantes fait de lui un être ingénieux, seulement toutes ces créations sont faites au détriment de notre planète. La situation est proche de l'état d'urgence, mais il est encore possible de rectifier notre trajectoire et de nous rapprocher de la nature.

Les auteurs attirent aussi fortement notre attention sur les organisations pyramidales qui sont centrales dans nos sociétés. Ils nous encouragent à dépasser nos peurs pour instaurer des relations plus horizontales. Ce livre nous permet de comprendre que si nous sommes majoritairement dans le mode relationnel d'apparentement nous pourrons ensemble bâtir un monde basé sur un sens commun et en harmonie avec ce que nous sommes réellement.

En tant qu'artiste, j'ai fait le choix de suivre une voie qui semble contraire à celle de notre société qui contraint les artistes à produire énormément et à courir sans cesse afin de conserver leur statut d'intermittent. J'ai découvert il y a cinq ans l'enseignement pianistique de Marie Jaëll. C'est une approche qui prend en compte le pianiste entièrement. Elle est basée sur la conscience des gestes et non sur des répétitions mécaniques qui finissent par créer des mouvements automatisés. Cette approche amène le musicien à l'introspection, à la découverte de terrains inconnus qui ne sont pas compatibles avec la comparaison, la compétition, la superficialité. Elle demande un lâcher prise, du temps, de la patience. Grâce à cet apprentissage, j'ai pris conscience que j'avais un corps. Souvent, nous traitons notre corps comme un objet. Nous l'exploitons pour des raisons économiques. Je pense à toutes les personnes dans le monde qui l'épuisent pour gagner leur vie ou pour simplement survivre. Pourtant quand nous lui prêtons une vraie écoute, nous nous apercevons qu'il a sa propre intelligence. Il aime apprendre, faire, respirer, se tenir, se mouvoir, se détendre. Quand nous en sommes conscients, toute violence peut disparaître et notre esprit change, nous ralentissons. Nous arrêtons de nous comparer et de la joie peut s'exprimer librement.

Mon expérience personnelle est transposable à une multitude de métiers, car c'est une question de posture face à ce que nous sommes profondément.

Comme vous le verrez dans ce livre, les grandes entreprises ont très bien compris que lorsque les salariés peuvent se détendre, être dans de bonnes conditions de travail, leur productivité augmente et cela développe aussi une bonne ambiance dans les équipes.

Dans tous les métiers du monde et dans notre vie quotidienne, nos actions passent par des gestes physiques. Si ces gestes sont exécutés avec violence, impatience et raideur, notre corps se rigidifie et cela entraîne des maladies, voire des troubles psychologiques. A l'inverse, développer des gestes qui nous correspondent est un premier pas vers le respect de nous-mêmes. C'est une nouvelle sorte de découverte et d'apprentissage, la violence diminue et l'esprit devient clair.

Ce livre est précieux car il nous rappelle que nous avons la main sur notre vie, que nous n'avons pas besoin de consommer autant, que le bonheur est à l'intérieur de nous. Il provient de la maîtrise de nous-mêmes et de ce que nous apportons autour de nous.

Noémie OCHOA – Pianiste

AVANT-PROPOS

Cher lecteur, si vous avez ouvert ce livre c'est que la question qui y est posée ne vous a pas laissé indifférent. Que vous soyez d'un tempérament optimiste et attendiez d'être conforté par la lecture d'un texte qui se veut lui aussi optimiste, ou que vous soyez d'un tempérament plus pessimiste ; donc curieux de savoir en quoi les auteurs se sentent légitimes à oser être optimistes.

Quoi qu'il en soit, attendez-vous à la lecture d'un texte qui se démarque des discours que vous avez l'habitude d'entendre. Nous ne développons pas les constats déprimants de ce qui se passe actuellement, chacun le voit et l'entend suffisamment. Nous partons simplement de ces constats et nous décrivons comment nous renforçons à notre insu une organisation sociétale injuste et violente. Nous sommes convaincus que lorsque nous comprenons cela, nous acceptons plus facilement de changer notre façon de vivre. Ce changement est un préalable pour se donner une chance d'adoucir notre société.

La question sociétale dépasse les frontières de l'hexagone car toutes les activités humaines se sont développées à l'échelle planétaire : les transports ; les communications ; l'économie ; la finance ; les institutions de gouvernance ; etc. C'est donc au niveau mondial que nous devons raisonner, d'autant plus que les désordres climatiques liés à l'activité humaine ne connaissent pas de frontières non plus. Nous pourrions décider de mettre nos connaissances scientifiques et techniques au service de l'invention d'un mode de vie qui soit viable écologiquement et qui prenne soin de tous les humains.

En dépassant nos conditionnements éducatifs et les influences sociales actuelles, nous contribuons à la construction d'une société dans laquelle chacun a une place, une activité lui permettant de vivre dignement. Il existe une structure de société qui le permet.

Bonne lecture à vous et n'hésitez pas à nous faire part de vos remarques sur le site dédié à la diffusion de cette analyse : www.quellesociete.fr

Anne CHESNOT et Gilles ROULLET

LE RISQUE D'EMBRASEMENT DE LA VIOLENCE

Le constat de la violence

Paris : un adolescent poignardé dans un bar, le patron est en garde à vue.

Haguenau : retranché chez lui, il éventre son chien et le jette par la fenêtre. Sa femme était venue se plaindre dimanche matin de violences conjugales auprès du commissariat de Haguenau.

Pau : boulangerie braquée à Pau, le $3^{\text{è}}$ commerce ciblé en deux mois.

Nous sommes confrontés quotidiennement à la violence par le biais des informations, mais aussi directement et très concrètement dans nos vies. Notre grande faculté d'adaptation fait que nous n'essayons pas de corriger cela, nous nous adaptons. Nous nous enfermons chez nous, nous évitons de sortir à certaines heures ou dans certains quartiers, sans avoir clairement conscience que nous nous auto-limitons.

Il faut reconnaître que lorsque nous (les auteurs) parlons de l'augmentation de la violence dans notre société, certaines personnes nous rétorquent que la société est bien moins violente qu'auparavant. Elles s'appuient sur le fait que nous ne sommes plus en guerre sur notre sol ce qui est vrai, bien que cela soit tout de même discutable si nous regardons l'expansion du terrorisme. Quoi qu'il en soit, est-ce que le fait de ne pas être officiellement en guerre justifie de refuser de voir la violence presque quotidienne que nous subissons ?

Précisons ce que nous mettons sous ce mot « violence ». Nous y mettons toutes les formes d'agression physique, mais aussi tout ce qui relève du passage en force verbal et du manque de respect. Les personnes qui travaillent en contact avec le public sont particulièrement exposées à cette sorte de vio-lence, mais il n'y a pas qu'elles. Chacun de nous peut y être confronté au détour d'une discussion avec un collègue, en famille, voire même avec un ami. Nous pouvons avoir du mal à y accorder de l'importance tellement c'est banalisé.

Les façons d'user du langage pour passer en force ou pour manquer de respect à quelqu'un sont multiples. Cela peut être en haussant le ton ou en utilisant un ton autoritaire pour le soumettre. Cela peut être en utilisant volontairement des mots trop compliqués ou des arguments cinglants qui le dévalorisent. Cela peut être en ignorant ce qu'il dit, en lui coupant la parole ou en la monopolisant pour l'empêcher de parler. De façon plus subtile cela peut être par de la manipulation, en jouant sur ses sentiments ou en lui donnant des informations fausses ou partielles.

Au travail, nous retrouvons l'équivalent de tout cela dans la communication écrite, notamment les courriels. Le ton autoritaire est remplacé par des formules sèches ou par des mots écrits en lettres capitales. La dévalorisation peut se faire en mettant en copie largement un mail réprobateur, etc. Le but étant toujours de prendre l'ascendant sur l'autre pour obtenir quelque chose de lui ou pour se montrer supérieur.

A partir du moment où nous banalisons ces formes parfois insidieuses de violence, nous créons les conditions favorables à des embrasements de violence. Ils peuvent survenir dans notre environnement social de proximité avec des altercations qui dégénèrent, comme dans ce bar à Paris avec cet adolescent. Ils peuvent aussi se produire entre deux groupes, car nous retrouvons à l'échelle collective les mêmes phénomènes qu'à l'échelle des relations individuelles. L'effet de groupe ne faisant que les amplifier. La violence peut donc flamber entre deux bandes rivales dans un quartier, tout comme entre deux pays.

Comment pouvons-nous éviter ce risque d'embrasement de la violence ? La première chose à faire est de poser clairement les différents aspects du problème. Ce danger s'inscrit dans un contexte global qu'il faut prendre en compte.

Le contexte global de la violence

Nous sommes environ sept milliards et demi d'humains à vivre dans un espace limité, la Terre, avec des ressources naturelles limitées elles aussi. Ces richesses, dont l'eau en particulier, sont indispensables à notre survie. D'autres sont indispensables pour maintenir notre mode de vie actuel, qui est très coûteux en ressources naturelles. Or nous savons que certaines personnes se les accaparent, ce qui produit inévitablement des violences.

Sachant cela, il faudrait user de notre intelligence pour faire en sorte que personne ne puisse s'approprier ces ressources naturelles tout en inventant un mode de vie qui les préserve. Nous pourrions ainsi éviter le risque d'embrasement de la violence et relever le défi de vivre tous ensemble en paix sur cette Terre.

VIVRE TOUS ENSEMBLE EN PAIX SUR LA TERRE

La paix mondiale, un vœu pieux ?

C'est un vœu pieux nous a-t-on dit, qui serait impossible à atteindre à cause de la nature humaine. Il est vrai que de nombreux exemples montrent que l'humain est capable du pire. Pour autant, l'expression « l'homme est un loup pour l'homme » nous semble être acceptée parfois un peu trop rapidement comme une position de principe, car il y a aussi des exemples qui montrent que l'inverse est vrai. L'homme est aussi pacifique et empathique.

L'histoire du colonialisme est jalonnée de conquêtes de territoires qui ont été facilitées par le fait que les autochtones étaient au départ pacifiques, curieux et accueillants. Les pays colonisateurs ont bénéficié de cela au début, puis lorsque ces populations ont compris qu'elles se faisaient flouer, elles sont devenues méfiantes, voire violentes. Quant à l'empathie, elle est visible chez les très jeunes enfants, entre un an et deux ans. Nous pouvons les voir donner spontanément leur propre doudou à un enfant qui pleure. Pour finir, l'expression « l'homme est un loup pour l'homme » fait référence à la nature. Or des études récentes démontrent qu'il y a dans la nature, à côté de la loi du plus fort, une autre loi qui fonctionne. Deux biologistes ont publié un livre qui s'intitule « *L'entraide. L'autre loi de la jungle* »[1].

En poussant un peu plus loin l'observation des jeunes enfants nous pouvons comprendre comment se construit la relation de rapport de force. L'enfant, avant un an, commence à comprendre qu'il est une personne parce qu'il se reconnaît dans un miroir et parce que ses parents lui parlent et parlent de lui. N'étant pas certain que c'est lui qu'il voit dans le miroir, il se tourne vers l'adulte pour en avoir la confirmation. L'enfant s'appuie donc sur la parole de son parent puis ensuite, dès qu'il va commencer à parler, il va vouloir que sa parole à lui compte aussi, qu'elle soit entendue. C'est pourquoi il fait des demandes et refuse de faire ce que ses parents lui demandent. En fait, il teste la capacité de ses parents à tenir compte de sa parole. C'est l'entrée dans la période appelée « période du non », appellation inap-

---

1   Pablo SERVIGNE et Gauthier CHAPELLE. Éditions LLL - 2017

propriée car elle suggère que c'est pour s'opposer que l'enfant dit non.

Face à ce nouveau comportement de l'enfant, le parent peut prendre deux postures différentes. Il peut être réactif et autoritaire, se mettant en rivalité avec l'enfant pour le faire céder ou il peut prendre une posture plus réflexive, en discutant avec lui. Sa réaction aura des conséquences sur le développement de la personnalité de l'enfant.

Un enfant confronté de façon régulière à une posture parentale de rivalité, finit par penser que c'est cela « être en relation ». Il prend donc l'habitude de se mettre lui aussi en rivalité avec les autres, ses frères et sœurs, ses copains, etc. C'est ainsi qu'il acquiert ce que nous appelons un « positionnement subjectif relationnel de rivalité ».

Un enfant qui est au contraire régulièrement face à un adulte qui s'apparente avec lui en discutant, pense que être en relation c'est échanger et argumenter éventuellement pour trouver un terrain d'entente. Il prend donc l'habitude de faire pareil avec les autres ; c'est ainsi qu'il acquiert un positionnement subjectif relationnel que nous appelons le «positionnement subjectif relationnel d'apparentement ».

Il faut avoir à l'esprit que les parents ont eux-mêmes acquis dans leur enfance un positionnement subjectif relationnel. Ce positionnement subjectif est souvent inconscient car il s'est construit très tôt, sous l'influence de leur propre éducation qui leur semble « normale ». C'est avec ce bagage qu'ils abordent leur rôle de parent.

Le plus souvent les parents gèrent la période du non en alternant entre la posture de rivalité et la posture d'apparentement. Nous verrons plus loin ce qui en résulte, mais d'abord, regardons ce qui se passe pour l'enfant lorsque ses parents sont principalement dans l'une ou l'autre posture.

Le mode relationnel de rivalité

Un enfant dont le parent a acquis un positionnement subjectif de rivalité est confronté régulièrement à des passages en force pour le faire céder. Il ne se sent donc pas écouté ; il en ressent de la frustration. Il peut aussi ressentir de la peur et d'autres émotions en fonction des moyens utilisés pour le faire céder. Son sentiment d'injustice, de ne pas être écouté, peut le déborder et donner lieu à un acte agressif pour lequel il sera puni. C'est donc la violence visible qui est sanctionnée ; la violence invisible qu'il a subie en amont étant ignorée. L'enfant se soumet souvent, mais il peut aussi imiter son parent et chercher à passer en force. Il peut insister, crier, se rouler par terre, etc. Qu'il se soumette ou non cela conduit à un « mode relationnel de rivalité ».

Ce mode relationnel se caractérise par le fait qu'il n'y a que deux places possibles dans la relation, dominant ou dominé. Cet enjeu crée inévitablement de la tension dans la relation. L'enfant est soit obéissant, voire très obéissant sous la contrainte, soit rebelle, arrivant parfois à prendre la place du dominant lorsqu'il arrive à faire céder son parent.

Vous comprenez que c'est dans ce mode relationnel que s'enracine la violence ordinaire dont nous parlions dans le premier chapitre. Elle se construit très tôt et sans qu'on y prenne garde, si bien que nous croyons qu'elle est naturelle, qu'il y aurait des enfants méchants par nature. Là encore, regardons ce qui se passe dans la nature. Certes les animaux à l'état sauvage peuvent être agressifs et violents, mais il faut remarquer qu'ils ne s'installent jamais dans une jouissance de l'agressivité et de la violence comme peuvent le faire les humains. Cette jouissance, typiquement humaine, fait le lit des embrasements de violence. Nous pouvons néanmoins être optimistes car, du fait qu'elle se construit, cette jouissance peut aussi ne pas se construire ou se déconstruire.

Le mode relationnel d'apparentement

Voyons maintenant ce que vit un enfant qui a la chance d'avoir un parent ayant acquis un positionnement subjectif relationnel d'apparentement. Il constate que sa parole est prise en compte puisque son parent échange avec lui, cela lui permet d'être serein. Il peut alors supporter plus facilement une éventuelle déception lorsque son parent ne peut pas répondre favorablement à sa demande. Il sait que son parent a des raisons pour dire non, parce qu'il lui reconnaît depuis le début une « plus-value-de-savoir »[2]. Il cherche simplement à ce que son parent puisse reconnaître qu'il peut avoir raison lui aussi parfois. Il parle de sa place subjective de petit enfant et il veut gagner de la liberté très tôt. Quand il demande par exemple à descendre d'un trottoir tout seul sans donner la main. Lorsque son parent lui dit après avoir vérifié qu'il n'y a pas de danger « bien oui tu as raison mon chéri tu peux le faire tout seul ! », l'enfant est rassuré. Il prend par imitation la même posture relationnelle que son parent et cela les conduit à un mode relationnel détendu que nous appelons le « mode relationnel d'apparentement ».

Ce mode relationnel se caractérise par le fait que chacun a une place symbolique assurée et de même valeur. La plus-value-de-savoir est détenue par l'un et l'autre alternativement selon les situations, indépendamment de l'âge et des connaissances.

Accéder au mode relationnel d'apparentement

Notre approche met l'accent sur la responsabilité des parents puisque ce sont eux qui déterminent le futur positionnement subjectif relationnel de leur enfant. Nous tenons compte aussi de leurs difficultés. Comment peuvent-ils aider leur enfant à construire

---

2   Plus-value-de-savoir : le fait d'avoir raison ou d'apporter une information intéressante. Expression empruntée à Jacques LACAN.

un positionnement subjectif d'apparentement s'ils n'ont pas eu la chance de l'acquérir ?

La prise de conscience de ce fait est un premier pas vers la résolution de cette difficulté, avec l'idée que nous ne sommes pas responsables du climat relationnel dans lequel nous avons grandi. Ensuite vient l'idée qu'il n'est jamais trop tard pour acquérir ce fameux positionnement d'apparentement.

Pour cela il faut comprendre que écouter un enfant qui s'oppose ne veut pas dire acquiescer. A partir de là, nous pouvons nous détendre et nous entraîner à prendre la posture d'apparentement avec lui. Nous nous mettons à son niveau pour parler, en nous baissant si nécessaire et en utilisant un vocabulaire adapté à son âge. Nous lui demandons son avis et nous lui expliquons le nôtre. Nous pouvons alors raisonner l'enfant, car les enfants réfléchissent très tôt et ils comprennent beaucoup de choses.

En nous appliquant à discuter calmement avec l'enfant, nous expérimentons le fait que nous ne perdons ni notre place de parent, ni notre autorité. Nous pouvons donc maintenir notre position quand nous avons une bonne raison de le faire. Si malgré nos explications l'enfant vit mal de ne pas obtenir ce qu'il veut, nous pouvons alors le consoler ou lui changer les idées, parce que l'empathie a remplacé la rivalité. Notre nouvelle posture relationnelle amène l'enfant à prendre la même par imitation.

Dans le mode relationnel d'apparentement, non seulement il y a de la place pour l'empathie, mais c'est aussi un mode relationnel qui permet l'accès à la joie. La joie, c'est l'émotion par excellence qui participe de ce qui nous rend heureux. Or elle est impossible à ressentir au détriment de quelqu'un, donc impossible à ressentir dans le mode relationnel de rivalité. Elle remplace avantageusement la jouissance. Lorsque l'enfant prend à son tour la même posture d'apparentement que nous, nous pouvons être contents avec lui, la joie étant majorée d'être partagée. À force de nous entraîner à prendre cette nouvelle posture relationnelle, elle nous devient habituelle et nous nous ancrons ainsi dans le positionnement subjectif d'apparentement.

Passer de la posture relationnelle de rivalité à la posture d'apparentement équivaut à se déplacer le long d'un continuum qui représente notre façon d'être en relation. La posture de rivalité et la posture d'apparentement étant chacune à une extrémité. Nous prônons un déplacement vers la posture d'apparentement pour contrebalancer l'influence sociale actuelle qui nous incite à aller vers la posture de rivalité.

Pacifier nos relations pour pacifier la société

La pacification de nos relations est l'une des clés pour aller vers un vivre ensemble en paix. Il serait illusoire de vouloir une société pacifiée sans nous appliquer à apaiser nos propres relations. Pour nous aider, nous pouvons nous appuyer sur des exigences fondamentales qui sont en nous dès notre plus jeune âge : une exigence de sens ; une exigence de justice ; une exigence de paix ; une exigence d'amour.

Ces exigences sont observables chez les enfants à partir du moment où ils commencent à maîtriser le langage. Dès ce jeune âge ils cherchent à comprendre ce qui se passe autour d'eux. Ils posent des questions, souvent très pertinentes, qui sont malheureusement souvent perçues par l'adulte comme de l'impertinence. Un enfant se faisant régulièrement rabrouer lorsqu'il pose des questions, peut renoncer à vouloir comprendre ce qui se passe autour de lui. Il peut aussi se départir de son exigence de justice s'il est témoin d'injustices tout en constatant que les adultes s'en accommodent. Pour finir, il peut se détourner de son exigence de paix s'il vit dans un environnement tendu dans lequel il y a de nombreuses disputes. Il est plus rare qu'il renonce à son exigence d'amour. C'est même souvent par amour pour ses parents et pour obtenir leur amour, qu'il peut se soumettre à un mode éducatif de rivalité. Un enfant ayant renoncé à ses trois premières exigences fondamentales, avance dans la vie avec l'idée que aimer l'autre c'est lui céder.

Nous avons tous été des enfants, nous avons pu perdre de vue nos exigences fondamentales si elles ont été trop mises à mal par ce que nous avons vécu. Cependant, il n'est jamais trop tard pour leur redonner toute leur place dans notre esprit et dans notre cœur.

Notre ancrage dans le positionnement subjectif d'apparentement a des effets bénéfiques immédiats pour nous-mêmes et pour nos relations. Nous ressentons plus de détente et de bien-être.

Cet ancrage a aussi des effets, à certaines conditions et à plus long terme, sur les organisations sociales et sur la société. Celles-ci doivent changer parce qu'elles portent en elles, actuellement, une forme de violence structurelle, invisible.

COMPRENDRE LE PIÈGE DES ORGANISATIONS PYRAMIDALES

Le piège de la hiérarchisation

Notre environnement social de proximité est constitué d'organisations sociales diverses dans lesquelles nous sommes personnellement impliqués : nos familles ; les écoles ; les entreprises ; les associations ; etc. Ces organisations sont très souvent de structure pyramidale (voir page 28). Cette structure nous est préjudiciable parce qu'elle induit inévitablement une hiérarchisation des places. Les critères de hiérarchie peuvent être une autorité qui s'impose (dans la famille par exemple), les notes à l'école, les performances professionnelles dans l'entreprise, les résultats sportifs dans un club, etc.

Organisations de structure pyramidale

- △ familles
- △ écoles
- △ entreprises
- △ organisations nationales
- △ organisations internationales

Nous sommes impliqués dans des organisations de structure pyramidale. Cette forme nous est préjudiciable parce qu'elle hiérarchise inévitablement les places, ce qui induit une hiérarchisation des personnes.

Dans une organisation sociale de structure pyramidale, les places du haut sont survalorisées et assorties de privilèges. C'est pourquoi cela peut donner envie d'en gravir les échelons. Le fait qu'il y ait structurellement moins de places à l'échelon supérieur que de prétendants à y monter, crée une compétition sociale. D'autant plus que les organisations pyramidales valorisent ceux qui savent s'affirmer, se vendre, être forts. Savoir s'imposer est une compétence recherchée dans les organisations pyramidales, car les managers doivent souvent faire adhérer leurs subordonnés à des choses qui n'ont pas de sens ou qui sont injustes. La valorisation est symbolique par le discours, tout autant que financière.

Il y a donc une synergie négative entre la rivalité induite par la structure pyramidale et la posture relationnelle de rivalité. C'est pourquoi il y a de plus en plus d'organisations structurées de manière pyramidale. Il y en a beaucoup dans notre environnement social de proximité ainsi qu'au niveau national et international.

La structure pyramidale, très répandue, normalise la posture de rivalité. De plus, nous sommes trop nombreux à admirer les personnes qui savent s'imposer et se faire valoir, particulièrement lorsqu'elles montrent une grande maîtrise du langage. Actuellement, une personne instruite et parlant bien peut aisément manipuler tout le monde pour ses intérêts personnels qui sont la plupart du temps masqués : un appât du gain ; une envie de pouvoir ; une envie de reconnaissance narcissique ; une jouissance personnelle. Ces personnes arrivent donc à gravir les échelons d'une organisation pyramidale plus facilement que les autres.

L'humanité prise au piège

La généralisation de la structure pyramidale, notamment dans les institutions politiques et les entreprises, conjuguée avec la mondialisation de toutes les activités humaines a donné naissance à une immense méta-structure pyramidale qui englobe maintenant toute l'humanité (voir page 31). Elle nous est invisible car nous sommes pris dedans.

Précisons rapidement les facteurs ayant contribué à faire advenir cette méta-structure. La mondialisation et le développement de l'actionnariat ont provoqué un processus de financiarisation de l'économie. La recherche exacerbée de rentabilité financière, chez les actionnaires et chez la majorité des consommateurs, a gangrené la vie économique. Il est apparu un processus d'aspiration de l'argent vers les plus riches tandis que la majeure partie de la population s'appauvrissait. L'explication de ce processus est simple. Pour répondre au désir des consommateurs d'avoir des prix toujours plus bas, les grandes entreprises ont réduit leurs coûts de production par des robotisations et des délocalisations qui ont créé un

L'humanité prise au piège

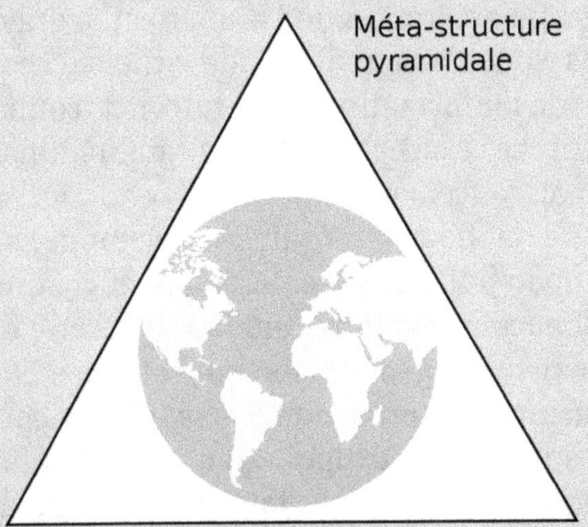

Avec le progrès scientifique et technique, l'activité humaine s'est développée au niveau planétaire. De ce fait, nous faisons société à cette échelle. L'argent hiérarchise les places dans la méta-structure sociétale.

chômage de masse, tout en leur permettant de s'enrichir grâce à l'augmentation du volume de leurs ventes. Les petites et moyennes entreprises, quant à elles, prises au piège de cette compétitivité déloyale, ont dû s'adapter. Beaucoup ont mis la clef sous la porte ou ont été rachetées par les grandes enseignes, avec les drames humains que nous connaissons. Ce processus d'aspiration de l'argent est aggravé par les activités spéculatives à grande échelle. Le développement de l'informatique et d'Internet, conjugué avec la recherche exacerbée de rentabilité financière a donné naissance à une nouvelle économie, une « économie de la finance » qui se développe à coté de l'économie réelle. Chaque personne et chaque organisation, bancaire ou autre, qui favorise cette économie de la finance est généreusement rétribuée. Pour finir, la collusion d'intérêts entre les plus riches et les hommes politiques explique (en partie) pourquoi ces derniers ont voté des lois de déréglementation financière.

Dans la méta-structure sociétale, les grandes organisations financières privées et les multinationales ont supplanté le pouvoir politique. Les fonds de pension[3] peuvent spéculer sur les difficultés d'un État en rachetant ses obligations à bas prix et en lui imposant des conditions de remboursement onéreuses (taux élevé, étalement de la dette). Les multinationales peuvent attaquer les États en justice si elles

---

3 Fond de pension : organisme de placement qui gère des capitaux issus de l'épargne salariale afin d'assurer le financement des retraites.

estiment être lésées par une décision gouvernementale. En fait, la majorité des gouvernements, quels qu'ils soient et quoi qu'ils en disent, n'ont pas la main pour changer les règles économiques. À défaut de remettre en cause le processus d'aspiration de l'argent et la puissance des intérêts privés qui les empêchent de fonctionner correctement, ils sont contraints de rogner les services publics, d'augmenter les impôts, de conduire une politique d'austérité dictée par les marchés.

C'est l'argent qui hiérarchise les places dans la méta-structure sociétale. Les très riches étant la plupart du temps admirés tandis que les plus pauvres sont plaints dans le meilleur des cas ou rendus responsables de leur situation dans le pire des cas.

Ce contexte nous incite à vouloir être le plus fort, le plus intelligent, à montrer que nous répondons efficacement aux attendus de la compétitivité. C'est-à-dire à prendre la posture relationnelle de rivalité pour « être un gagnant » dans cette grande compétition sociale, qui peut nous sembler normale ou inévitable.

Comprendre pour sortir du piège

Résumons. Nous avons trois influences qui peuvent nous pousser à prendre la posture relationnelle de rivalité. Notre éducation pour certains d'entre nous, l'influence des organisations pyramidales dans lesquelles nous sommes directement impliqués ainsi que cette immense méta-structure sociétale.

Les personnes qui ont acquis un positionnement subjectif relationnel de rivalité sont en phase avec ce contexte social et sociétal. Elles y évoluent avec aisance, voire avec une certaine jouissance. Quant aux personnes qui ont acquis un positionnement subjectif d'apparentement, elles ont la capacité d'interroger la pertinence des influences sociales et sociétales, mais souvent elles se contentent de se mettre en retrait pour avoir la paix.

Il y a aussi des personnes qui n'ont acquis ni le positionnement de rivalité ni celui d'apparentement. Retournons à la période dite « période du non ». Nous avons évoqué brièvement que la réaction du parent est le plus souvent variable, alternant entre la posture de rivalité et la posture d'apparentement. L'enfant ne peut pas se stabiliser dans la sérénité de l'apparentement car son parent bascule très souvent dans la posture de rivalité ; donc il s'adapte. Lorsque son parent est dans l'apparentement, il fait valoir son point de vue et tient compte de celui de son parent, mais dès que ce dernier change de posture il se soumet ou tente de passer en force lui aussi. L'enfant s'habitue à ces changements de posture et se les approprie. Il acquiert alors ce que nous appelons un « positionnement subjectif relationnel fluctuant ».

Les personnes ayant acquis un positionnement subjectif fluctuant sont très perméables aux influences sociales. Or dans les organisations sociales pyramidales, c'est la posture de rivalité qui est encouragée, donc elles l'adoptent facilement.

En fait, quel que soit le positionnement subjectif relationnel d'une personne, elle peut renforcer à son insu la rivalité induite par la structure pyramidale, en l'entretenant ou en s'en accommodant.

Revenons à la méta-structure et continuons notre description. Nous avons déjà dit que l'argent hiérarchise les places et que des intérêts privés ont supplanté le pouvoir politique. Les hommes politiques, quant à eux, sont soit dans une collusion d'intérêts avec les plus riches, soit sous leur pression. Les plus riches étant aussi les plus puissants, ils ont de tels pouvoirs financiers, médiatiques et politiques qu'il serait illusoire de penser que nous pourrions les contraindre à réduire les injustices avec un rapport de force comme l'ont fait nos ascendants. Ils ont lutté ; parfois avec succès. La Révolution française ainsi que l'obtention de droits sociaux pour les travailleurs en sont des exemples. Encore à ce jour, des personnes continuent de s'engager pour plus de justice. Beaucoup s'y épuisent et finissent par baisser les bras. Le déclin des syndicats s'explique sans doute en partie par le fait que beaucoup de personnes perçoivent que le rapport de force n'est plus la solution.

Ce désengagement des actions collectives peut aussi s'expliquer par le fait que les révoltes sont souvent réprimées durement par les tenants du pouvoir. Il leur est facile de justifier une répression, au regard des débordements que produit inévitablement toute révolte. Ignorant, volontairement ou inconsciemment, que la révolte est réactive à une violence structurelle de la société. Nous retrouvons, là encore, une similitude entre ce qui se passe à l'échelle individuelle et à l'échelle collective. Souvenez-vous de l'enfant qui se retrouve puni pour avoir été violent, alors qu'il était débordé par un sentiment d'injustice et d'impuissance face au fait de ne pas pouvoir se faire entendre.

Autre raison du désengagement des actions collectives : la méta-structure et toutes les organisations pyramidales favorisent l'individualisme. Elles survalorisent l'individu au titre de ses capacités. Beaucoup se sentent alors légitimes à utiliser leurs compétences pour leur intérêt personnel, sans se préoccuper du bien commun ni de la qualité du lien social. L'individualisme et la rivalité constituent le ciment social des organisations pyramidales. De plus, ce ne sont pas simplement les capacités ou les qualités qui sont hiérarchisées mais les individus eux-mêmes. Illustration avec la publicité qui utilise fréquemment la hiérarchisation des personnes pour susciter l'acte d'achat.

La plupart du temps, l'absence de recul nous empêche de voir la violence structurelle des organisations pyramidales. Pourtant c'est bien la structure en elle-même qui nous est préjudiciable, parce qu'elle est incompatible avec nos exigences de sens, de justice et de paix. Ne pas le comprendre nous condamne à subir perpétuellement les injustices ou à lutter contre. La lutte est vaine tant que la structure restera pyramidale. Disons-le clairement, penser qu'il pourrait y avoir de l'égalité des chances et de la justice sociale dans une organisation pyramidale est un leurre.

Nous avons de bonnes raisons de vouloir sortir du piège des organisations pyramidales, mais un changement de structure ne se décrète pas. En revanche ce qui peut se décréter, c'est le souhait d'en changer. À partir de là, nous devons nous préoccuper d'identifier si les organisations sociales dans lesquelles nous sommes impliqués personnellement sont de structure pyramidale ou pas. La structure ne se voit pas, mais elle peut être déduite à partir de l'observation du fonctionnement de l'organisation.

Comme nous savons que nous retrouvons à l'échelle collective les mêmes processus qu'à l'échelle individuelle, nous pouvons partir des caractéristiques de la posture de rivalité pour repérer si nous sommes dans une organisation pyramidale. Si c'est le cas, nous y trouvons le passage en force sous la forme d'ordres, de décisions, imposés et venant du haut de l'organisation. Le fait d'empêcher certaines personnes de parler, particulièrement lorsqu'elles veulent évoquer un dysfonctionnement ou discuter une décision. La rétention d'informations qui y est monnaie courante. Enfin, nous pouvons regarder comment sont perçues et traitées les personnes qui sont à la tête de l'organisation et celles qui sont à sa base. Admiration et mépris sont aussi des signes d'une organisation de structure pyramidale. Faire ce diagnostic nécessite d'être capable de ne pas se laisser leurrer par une pseudo-gentillesse ou une pseudo-liberté de parole qui masquent souvent le fonctionnement pyramidal.

Une fois que nous avons identifié que nous sommes impliqués dans une organisation pyramidale, il nous revient de chercher à nous repositionner. Quelles marges avons-nous pour nous mettre, le plus souvent possible, dans la posture d'apparentement ? Parfois elles sont étroites, mais souvent, à force d'observer et de réfléchir, nous nous apercevons que nous en avons plus que nous l'avions cru au départ.

C'est ainsi que nous pouvons œuvrer peu à peu, jour après jour, pour introduire un peu plus de sens, de justice et de paix dans les organisations. Agir en cohérence avec nos exigences fondamentales nous enracine dans notre humanité. Pour nous aider à aller dans cette voie, voyons plus précisément comment s'ancrer dans la posture d'apparentement.

L'ANCRAGE DANS LA POSTURE RELATIONNELLE D'APPARENTEMENT

Le rapport symbolique au langage

La posture d'apparentement se caractérise par un rapport au langage qui n'est pas au service d'une prise d'ascendant sur l'autre. Les mots sont utilisés pour penser et pour ordonner ce qui se passe en nous, ce qui se passe autour de nous et pour en dire quelque chose à l'autre sans chercher à le dominer. C'est ce que nous appelons le « rapport symbolique au langage » (voir page 40).

Le rapport symbolique au langage régule la relation car le sens est un point d'appui et la parole engage. La régulation est efficiente malgré les imperfections et les limites du langage.

Rapport symbolique au langage

Le langage est utilisé pour réguler la relation, car le sens sert de point d'appui et la parole engage :

- Utiliser les mots pour penser et pour ordonner ce qui se passe en nous, autour de nous et pour en dire quelque chose à l'autre sans chercher à le dominer.

Il est impossible de décrire en totalité nos pensées et nos ressentis avec des mots. C'est pourquoi l'art les exprime d'une autre manière. D'autre part, le langage est souvent source de malentendus du fait de la polysémie[4] des mots et parce que chacun de nous a un rapport affectif et personnel aux mots. Nous pouvons donc heurter l'autre sans le vouloir. Néanmoins le rapport symbolique au langage, en donnant accès à l'intentionnalité de celui qui parle, lève les malentendus et lave les blessures involontaires simplement en continuant de parler. C'est pourquoi les relations sont détendues.

Avec le mode relationnel d'apparentement et le rapport symbolique au langage, les conditions sont réunies pour que la confiance s'installe. Chacun peut donc parler librement, y compris de ses difficultés grâce à l'empathie. Le nombre d'interlocuteurs peut augmenter, chacun ayant une place symbolique assurée et de même valeur que les autres. Dans cette configuration relationnelle ouverte, la différence des points de vue est perçue comme une richesse. La circulation de la plus-value-de-savoir entre tous alimente l'intelligence collective, ce qui explique l'efficacité de ce mode relationnel pour solutionner des problèmes. Les désaccords sont discutés calmement et chacun peut aisément changer d'avis si cela fait sens pour lui. L'amour peut aussi se développer sans entrave parce qu'il est connecté à nos exigences

---

4   Polysémie : le fait qu'un mot peut avoir plusieurs sens.

fondamentales de sens, de justice et de paix. Le mot amour est à entendre au sens large, il va du simple attachement aux autres en général, en tant qu'il fonde l'empathie, jusqu'à l'attachement amoureux qui se fixe souvent sur une personne en particulier.

Il faut reconnaître cependant que nous avons trop peu souvent accès au mode relationnel d'apparentement car, du fait de notre conditionnement éducatif et social, la posture d'apparentement est moins répandue que la posture de rivalité.

Le langage au service de l'ego

Dans la posture de rivalité, les mots sont utilisés pour prendre l'ascendant sur l'autre. C'est ce que nous avons décrit dans le premier chapitre. La personne peut intimider son interlocuteur par le ton utilisé, lui faire perdre la face avec des mots trop compliqués ou des arguments cinglants, le mettre hors-jeu symboliquement en ignorant ce qu'il dit ou en l'empêchant de parler, le manipuler en jouant sur ses sentiments ou avec des informations fausses ou partielles. Il faut ajouter à cette liste le fait qu'elle peut aussi dire une chose et son contraire.

Dans l'esprit de cette personne, il y a un enjeu de place dans la relation. Tous les attributs sont gradués, elle peut vouloir être plus intelligente, plus belle, plus rapide, plus instruite, plus riche, etc. Elle utilise donc le langage pour assoir sa supériorité ou pour obtenir quelque chose de l'autre. Elle est dans un rapport au langage, que nous appelons le « langage au service de l'ego » (voir page 44).

Dans ce rapport au langage, ce qui compte c'est ce que la personne dit dans l'immédiateté de la relation ; ce qu'elle a dit avant ne compte plus. C'est pourquoi elle peut dire une chose puis son contraire en fonction du contexte, ou pour éviter de reconnaître qu'elle s'est trompée ou qu'elle ne sait pas quelque chose. Si son interlocuteur lui rappelle ce qu'elle a dit précédemment, elle nie l'avoir dit. C'est très déstabilisant parce qu'il est impossible de savoir ce qu'elle pense vraiment. Les non-dits sont très fréquents dans le langage au service de l'ego car ils sont une pièce maîtresse de la manipulation.

Petite parenthèse au sujet des non-dits. Il peut y en avoir aussi dans la posture d'apparentement, mais pas pour les mêmes raisons. La personne qui est dans l'apparentement peut éviter de dire quelque chose par empathie pour l'autre ou parce qu'elle n'a pas encore trouvé les mots justes pour dire ce qu'elle veut dire.

Revenons à la posture de rivalité et au mode relationnel de rivalité. Les disputes y sont fréquentes mais souvent banalisées, comme si elles étaient inhérentes à toute relation. La violence peut surgir lorsque les deux interlocuteurs veulent occuper la place de dominant. Elle peut aussi s'embraser, car la

Langage au service de l'ego

Le langage est utilisé pour prendre l'ascendant sur l'autre :

- Hausser le ton, utiliser un ton autoritaire ;

- Utiliser volontairement des mots trop compliqués ou des arguments cinglants ;

- Ignorer ce que l'autre dit, couper la parole, parler sans arrêt ;

- Dire une chose et son contraire ;

- Jouer sur les sentiments ;

- Donner des informations fausses ou partielles.

jouissance de l'agressivité peut conduire à des brutalités physiques et psychologiques sans limites. Les exemples ne manquent pas avec les faits divers, ainsi que dans nos fictions littéraires et cinématographiques qui mettent cela en scène très fréquemment.

Le mode relationnel discordant

Voyons maintenant le cas de figure où l'un des interlocuteurs est dans la posture de rivalité tandis que l'autre est dans la posture d'apparentement. Nous appelons cette configuration « mode relationnel discordant ». La personne qui est dans la posture d'apparentement a tout intérêt à identifier qu'elle est face à une posture de rivalité.

S'il est facile de reconnaître quand l'autre hausse le ton ou quand il nous dévalorise ouvertement, il est plus difficile de repérer quand il nous manipule en jouant sur nos sentiments et/ou en nous donnant des informations fausses ou partielles. D'une part nous sommes pris dans nos affects et d'autre part nous ne savons pas quand l'autre nous ment ou nous cache quelque chose (sciemment ou inconsciemment). La difficulté est encore plus grande lorsque la posture de rivalité est masquée par une gentillesse apparente, ou par une véritable entreprise de séduction.

Pour nous aider à identifier cette configuration relationnelle, au-delà des apparences, nous pouvons nous fier à l'observation du non-verbal de notre interlocuteur. Son non-verbal c'est son attitude. Nous pouvons repérer qu'elle est en discordance avec ce qu'il nous dit. Par exemple s'il prend une posture autoritaire pour nous dire de lui faire confiance. Nous pouvons aussi nous fier à notre propre ressenti. Si nous percevons par exemple que nous nous épuisons à essayer de nous faire entendre, ou si nous n'osons pas parler par peur de la réaction de notre interlocuteur. Nous craignons sa réponse parce qu'elle est imprévisible. Il joue sur toute la gamme des usages du langage que nous avons listés, pouvant passer de l'un à l'autre brusquement. Il peut nous flatter puis hausser le ton, etc.

Une fois que nous avons repéré que nous sommes dans le mode relationnel discordant, la prudence est de mise. Il ne faut pas dire ce que nous pensons et ce que nous ressentons comme nous avons l'habitude de le faire avec le rapport symbolique au langage, car tout ce que nous disons est utilisé contre nous. Mieux vaut donc nous en tenir au minimum, en insistant sur notre exigence de respect, de cohérence et de fiabilité de la parole. La deuxième précaution à prendre, c'est de mettre à distance tout ce que l'autre nous dit, en nous interrogeant sur son intérêt à nous dire telle ou telle chose.

Ces deux mesures de principe (dire le minimum et ne pas croire ce qui est dit), permettent de faire face à une relation discordante a minima. Il n'est jamais facile de gérer une telle relation. Faisons l'inventaire des difficultés à surmonter. Les malentendus sont nombreux car notre interlocuteur interprète tout ce que nous lui disons avec son logiciel dominant-dominé. Il peut par exemple prendre un conseil pour une injonction, une hésitation pour une approbation, etc. La relation est donc toujours un peu tendue.

Autre difficulté, nous pouvons être amenés à hausser le ton, voire à nous montrer agressifs pour nous défendre. Nous pouvons même avoir des réflexes d'autodéfense violents, notamment en cas d'agression physique. Néanmoins nous n'en ressentons aucune jouissance, nous regrettons plutôt de n'avoir pas pu agir autrement. Le positionnement d'apparentement visant à se défendre de manière non violente.

Quand nous subissions une agression verbale, la première chose à faire c'est de garder notre calme en respirant profondément, ce qui permet de prendre du recul. Nous pouvons alors écouter ce que dit notre interlocuteur et comprendre ce qui le met en colère. Ensuite, en l'énonçant dans le rapport symbolique au langage, nous apaisons la relation. La recherche d'une solution consensuelle devient possible. Cette façon de gérer le conflit fait expérimenter à notre interlocuteur une nouvelle manière d'aborder un différent.

Lorsque que c'est une pression que notre interlocuteur exerce sur nous, il vaut mieux retarder toute prise de décision en demandant du temps pour réfléchir. En général il ne l'accepte pas très bien, ce qui est d'ailleurs un signe que nous avons raison de différer notre réponse. Concernant la non-fiabilité de sa parole, demandons lui de confirmer par écrit ce qu'il nous dit. S'il nous reproche de ne pas lui faire confiance, ce sera là encore un signe que nous faisons bien d'être prudents. Enfin, nous pouvons éventuellement aborder la question de fond : « est-ce que j'ai le droit de ne pas être d'accord avec toi ? » En cas de désaccord persistant, faire appel à un tiers neutre aura pour effet de mettre au premier plan l'argumentation, le sens et la fiabilité de la parole.

Le fait que nous ne cédions pas à la pression tout en restant calme peut provoquer de la colère chez notre interlocuteur. Respirons profondément (là encore) pour prendre du recul ; sa colère lui appartient. Accrochons nous à l'idée que nous ne faisons rien de mal. Nous sommes simplement légitimes à vouloir un véritable dialogue. Si cela n'est pas possible, nous pouvons toujours interrompre la relation. Il est alors important de le faire sans s'effacer, c'est-à-dire en énonçant clairement que nous refusons de parler dans de mauvaises conditions. Si nous avons pu repérer que l'autre était juste dans une posture de rivalité de circonstances et non dans un position-nement subjectif de rivalité, nous pouvons envisager de reprendre la discussion plus tard, dans un envi-ronnement plus propice à l'apparentement.

Autre difficulté dont il faut tenir compte : notre interlocuteur ne perçoit pas l'amour de la même façon que nous. Il supporte mal que nous n'accédions pas à ses attentes parce qu'il l'interprète comme un signe de désamour. L'enjeu pour nous est donc double. Nous devons réussir à ne pas nous soumettre sans qu'il se sente rejeté pour autant.

La dernière difficulté, c'est d'arriver à freiner notre interlocuteur dans ses velléités de prendre l'ascendant sur nous. Nous pouvons le contenir en exprimant notre désapprobation, même si c'est a minima. Les personnes qui veulent s'imposer désirent aussi que nous soyons d'accord et/ou contents, ou que nous fassions comme si c'était le cas. Au début nous pouvons donc commencer par des petites phrases passe-partout qui permettent de ne pas rester sidérés et sans voix face à leur culot ou leur mauvaise foi. Par exemple « Je n'aime pas quand tu dis (fais) ça », puis nous prenons peu à peu de l'assurance et nous arrivons à énoncer plus clairement ce qui nous déplaît.

Fort heureusement le mode relationnel discordant peut évoluer vers le mode relationnel d'apparentement. Le simple fait d'incarner nos exigences fondamentales de sens, de justice et de paix devant l'autre peut les faire résonner à nouveau en lui. Lorsqu'il peut reconnecter l'amour avec ses trois autres exigences fondamentales, il n'a plus envie de passer en force contre nous. Il peut alors se stabiliser dans la posture d'apparentement.

Pour autant la posture d'apparentement n'est pas tenable en permanence. Rappelez-vous que les postures relationnelles de rivalité et d'apparentement sont aux deux extrémités d'un continuum sur lequel nous pouvons nous déplacer. Il y des situations qui peuvent nous faire perdre la posture d'apparentement, provoquant chez nous des réponses réactives, agressives, voire violentes. Ce ne sont que des dérapages relationnels qui ne remettent pas en cause notre positionnement subjectif relationnel d'apparentement. Ils sont simplement le signe que nous sommes humains, pétris de réflexes, de sentiments et de contradictions internes parfois difficiles à gérer. Malgré tout, nous pouvons toujours revenir à la posture d'apparentement et nous excuser. Les excuses sincères réparent instantanément les blessures émotionnelles qui ont pu être provoquées par un dérapage relationnel.

L'apparentement : une clé pour le changement

Nous avons déjà présenté les trois modes relationnels exposés dans ce livre lors de conférences. Nous savons que certaines personnes prennent conscience d'avoir été conditionnées à la posture relationnelle de rivalité, alors qu'au fond cela ne leur convient pas. En s'engageant dans la voie du changement elles en ressentent un bien-être immédiat.

L'ancrage dans le positionnement subjectif d'apparentement et dans le rapport symbolique au langage est à nos yeux un préalable indispensable pour impacter la société.

SORTIR DU PIÈGE DES ORGANISATIONS PYRAMIDALES

Conditions du changement dans les organisations

Une organisation pyramidale qui se met à fonctionner dans le rapport symbolique au langage améliore son climat social. Enclencher ce processus peut se faire par le haut si les personnes qui sont nommées ou élues à son sommet ont un positionnement subjectif d'apparentement, parce qu'elles valorisent le rapport symbolique au langage dans l'organisation.

Ce processus peut aussi être enclenché par la base, à partir du moment où il y a un nombre suffisant de personnes qui s'ancrent dans la posture d'apparentement. Atteindre le seuil nécessaire se fait progressivement. Au début il vaut mieux être prudent, car les personnes qui souhaitent que l'apparentement et le rapport symbolique au langage soient le ciment social de l'organisation sont face à des personnes qui veulent maintenir la structure pyramidale en place ; donc qui agissent avec les procédés relationnels que nous avons déjà décrits. C'est la même configuration que le mode relationnel discordant, mais à l'échelle collective.

Les personnes qui veulent le changement peuvent commencer par observer et penser, pour elles-mêmes, ce qui se passe dans l'organisation. Elles ont un avantage sur les autres, c'est qu'elles peuvent penser sans tabous puisqu'elles sont dans le rapport symbolique au langage. Celui-ci est efficient aussi à l'intérieur de nous car nous pensons avec des mots. Leur deuxième avantage, c'est la grille de lecture des positionnements subjectifs relationnels qui permet de repérer les autres personnes qui sont dans l'apparentement. Celles-ci seront les premières avec qui elles pourront échanger au sujet de ce qui se passe dans l'organisation. Puis la parole pourra se libérer peu à peu avec des prises de paroles collectives afin d'éviter qu'une personne soit trop ouvertement exposée. Il ne s'agit pas d'une prise de parole dans un rapport de force, mais sur le terrain de la recherche de sens, de justice et de paix.

Les personnes qui ont pu identifier qu'elles ont un positionnement subjectif fluctuant peuvent aussi contribuer au changement. Elles peuvent s'autoriser à porter un jugement personnel sur ce qui se passe autour d'elles en s'appuyant sur leurs exigences fondamentales. Elles seront alors moins sous l'influence du climat de rivalité qui règne dans l'organisation. De ce fait, elles arrêteront de l'entretenir tout en se protégeant elles-mêmes, car elles ne se laisseront plus entraîner dans des paroles ou des actes qu'elles pourraient regretter par la suite.

Surmonter les freins au changement

Pour changer les organisations sociales et la méta-structure sociétale il nous faut surmonter trois obstacles importants. Le premier c'est notre attachement à la posture de rivalité. Il s'explique par la jouissance qu'elle nous procure. Cette jouissance peut être tout aussi importante chez les personnes qui agissent pour leur intérêt personnel que chez celles qui défendent une cause pour le bien commun. En imposant ses idées ou en s'imposant, la personne pense être forte. Elle peut aussi croire qu'il faut qu'elle s'impose pour exister. Ces idées ne sont vraies que parce que nous vivons dans une société pyramidale dans laquelle il faut se battre pour faire sa place. Pour notre part, nous pensons que être fort, c'est rester fidèles à nos exigences fondamentales et agir en conséquence. Tenir cette posture en dépit des difficultés, nourrit notre sentiment d'exister.

Le deuxième obstacle au changement, c'est l'admiration. Nous sommes souvent trop sensibles à l'apparence et au statut social. De ce fait, nous attribuons facilement aux personnes qui sont en haut de l'organisation des qualités qu'elles n'ont pas forcément. Lorsque nous y croyons, notre admiration nous incite à vouloir nous rapprocher d'elles en gravissant les échelons. A l'échelle de la méta-structure sociétale, se rapprocher des personnes qui sont dans sa partie haute peut se faire par le biais de la lecture de la presse people. Elle nourrit notre narcissisme en nous fournissant un leurre de l'appartenance à leur monde, voire un rêve d'en faire un jour partie. L'admiration nous entraîne sur le terrain de l'Imaginaire[5], celui-ci peut alors prendre trop de place dans notre existence. Il peut nous aveugler et nous empêcher de voir que les personnes que nous admirons sont des êtres tout aussi faillibles et vulnérables que nous. Il peut aussi nous détourner de notre vie réelle. Lorsque nous en prenons conscience, nous pouvons nous recentrer sur ce que nous vivons pour en profiter pleinement. La vie n'est pas semée uniquement d'embûches et de peines, elle est aussi semée de réussites et de joies.

---

5 Imaginaire : écrit avec un grand I, l'Imaginaire est un terme lacannien. Jacques LACAN l'oppose au Réel et au Symbolique.

Le troisième obstacle au changement c'est la peur. Quand elle est trop forte elle peut pousser à se placer du côté des puissants ou à se mettre en retrait pour se protéger. Dans les deux cas cela contribue au maintien de la structure pyramidale. Pourtant la peur peut nous être utile quand elle n'est pas trop forte, car elle nous permet d'identifier un danger. C'est le premier pas indispensable pour pouvoir se protéger. En l'occurrence, nous avons vu qu'il est dangereux de mettre en cause trop ouvertement et individuellement une structure pyramidale. Heureusement, le premier changement se fait dans notre esprit, il n'est donc pas visible. Nous pouvons prendre tout le temps nécessaire pour réfléchir avant d'agir, ce qui nous évite de nous exposer inutilement par des prises de positions trop réactives.

La voie du changement d'une organisation par sa base est délicate, par son sommet elle dépend de la volonté de la personne ou des personnes qui y sont. Au niveau de la méta-structure, le changement par le sommet est à priori peu probable. Néanmoins, notre optimisme vient du fait qu'il y a toujours eu des personnes qui souhaitent plus de justice sociale et qui agissent pour cela à tous les niveaux de la société, y compris dans les classes sociales privilégiées. Le roi

Henri IV[6], Victor Hugo[7], Paul Valéry[8] et Michel Onfray[9] en sont des exemples connus, mais il y a aussi heureusement de nombreux inconnus qui s'investissent et agissent au quotidien en cohérence avec leur exigence de justice.

Actuellement, au sommet de la méta-structure, il y a quelques milliardaires qui ont éprouvé le besoin de se regrouper pour envisager de redistribuer une partie de leur richesse. Soit à leur mort comme en témoigne le club de milliardaires « The Giving Pledge »[10] (promesse de don), soit en investissant des fonds de leur vivant dans des œuvres socialement utiles. Nous n'ignorons pas qu'ils en retirent des bénéfices fiscaux et/ou narcissiques, car ils déclarent fiscalement leurs dons et les font connaître publiquement. Néanmoins, nous ne pouvons pas exclure le fait qu'ils cherchent peut-être sincèrement à corriger des injustices sociales. Nous serions alors légitimes à leur dire qu'il serait plus juste d'œuvrer pour que l'organisation économique permette à chacun de vivre dignement de son activité, que cela éviterait de maintenir une partie de la population sous la dépen-

---

6 Henri IV a oeuvré pour que les paysans puissent manger une poule au pot tous les dimanches.

7 Victor HUGO s'est engagé pour que les classes populaires aient des conditions de vie décentes.

8 Paul VALÉRY s'est opposé à l'oppression des juifs sous l'occupation.

9 Michel ONFRAY a créé l'université populaire de Caen pour démocratiser l'accès au savoir.

10 The Giving Pledge : club de milliardaires créé par Bill GATES et Warren BUFFET en 2010.

dance de leur générosité et des aides sociales. Malheureusement, les milliardaires sont trop éloignés de nous pour que nous puissions avoir ce type de discussion avec eux.

La méta-structure pyramidale n'est pas dotée d'instances de discussion entre sa base et son sommet, ce qui peut induire un sentiment d'impuissance face à l'injustice criante entre les très riches et les très pauvres. Ce sentiment peut provoquer de la haine chez certaines personnes. Elles ne peuvent pas l'exprimer envers les plus puissants, alors elles l'expriment dans notre environnement social de proximité. Parfois en attaquant les symboles de la grande richesse, mais le plus souvent en s'en prenant aux personnes qui possèdent un peu plus qu'elles. Le vandalisme est aussi une expression et une extériorisation du sentiment de haine et d'impuissance. Ces actes agressifs contribuent au climat de violence que nous subissons actuellement.

Les organisations sociales, quant à elles, ont des instances qui permettent une discussion directe entre le sommet et la base. Les comités d'entreprise ou les CHSCT[11] dans les entreprises, les assemblées générales dans les associations, etc. Il y a aussi des possibilités de faire remonter des informations ou des questions par le biais des échelons hiérarchiques. Lorsque le manager est soucieux de monter dans l'organisation cela ne fonctionne pas très bien, car

---

11 CHSCT : Comité d'Hygiène, de Sécurité et des Conditions de Travail.

son intérêt est de ne pas importuner ses supérieurs avec ce genre d'informations. Heureusement, il y a des managers qui assument ce rôle de transmission, car ils sont soucieux de la qualité du travail et des conditions dans lesquelles leurs subordonnés l'effectuent.

Autre raison qui nous donne bon espoir que les organisations pyramidales puissent modifier leur mode de fonctionnement, c'est que le management par l'apparentement et le rapport symbolique au langage est plus efficace qu'un management qui valorise la compétition sociale et la rivalité. De nombreux chefs de petites et moyennes entreprises fonctionnent comme cela depuis longtemps. Ils veulent que leurs employés trouvent du sens à leur travail, ils les traitent de façon juste et veillent à ce que le climat de travail soit serein. Ils savent qu'ils obtiennent ainsi une meilleure qualité de travail et qu'ils fidélisent leurs employés.

Nous assistons depuis quelques années, à un revirement dans le management au sein des très grandes entreprises. Elles se mettent à fonctionner dans l'apparentement vis-à-vis de leurs employés et s'emploient à supprimer la rivalité entre eux. Elles veillent à leur bien-être, mettant à leur disposition des salles de repos, des salles de sport, des cours de yoga, etc. Si elles le font, c'est parce qu'elles ont perçu la plus-value financière qu'elles peuvent en retirer. Le

« brainstorming »[12], qui favorise la résolution de problème, est efficace uniquement si chacun se sent libre de parler sans peur d'être jugé ou exclu sur une parole malheureuse. Néanmoins ne nous laissons pas duper par les apparences. La posture d'apparentement et le rapport symbolique au langage sont instrumentalisés dans le cadre d'une recherche exacerbée de rentabilité financière. Ces grandes entreprises en attendent un retour sur investissement qui leur permettra de gagner la compétition économique. À l'extérieur, c'est la rivalité qui reste de mise.

Prenons les choses du bon côté, si ces grandes entreprises abandonnent le management par la rivalité, c'est bien la preuve qu'il est moins efficace que le management par l'apparentement. Plus il y aura d'organisations qui modifieront leur fonctionnement (pas uniquement les entreprises), plus cela pacifiera notre environnement social de proximité. La généralisation de ce changement impactera la méta-structure sociétale. Nous verrons de quelle manière dans l'avant dernier chapitre (Quelle société voulons-nous ?).

Avant cela, nous allons nous pencher sur un deuxième problème à régler dans les organisations. Il s'agit de ce qui est appelé communément le « système ».

---

12 Brainstorming : technique de résolution créative de problème.

LA TRANSFORMATION DU « SYSTÈME »

La référence au système sert souvent à justifier les injustices ou les incohérences qui sévissent dans la méta-structure, tout en nous laissant entendre que nous n'y pouvons rien.

Par exemple, nous pouvons entendre dire que si l'argent va toujours vers les plus riches, c'est à cause du système. Nous avons déjà parlé du processus d'aspiration de l'argent vers le haut, faisons un petit rappel et ajoutons une petite précision.

Nous avons dit que l'argent est aspiré vers le haut de la méta-structure à cause de la généralisation de la recherche exacerbée de rentabilité financière chez les actionnaires autant que chez les consommateurs. Ajoutons que ce processus est renforcé par le fait que, pour beaucoup de personnes, consommer est un moyen de se rassurer narcissiquement. Cette dimension narcissique explique (pour une part) la frénésie consumériste. Cette dernière concerne maintenant tous les biens de consommation, les loisirs et les services. Les grandes multinationales en sont les premières bénéficiaires, mais cela ne leur suffit pas. Elles jouent aussi sur la baisse de la quantité de produit (ou de service) pour le même prix et sur la baisse de la qualité, voire l'obsolescence programmée pour augmenter toujours plus leurs bénéfices.

Vous comprenez avec cet exemple que d'invoquer le système, sans précision, pour justifier nos problèmes n'est pas satisfaisant. Nous allons définir précisément ce que nous mettons sous ce mot, quels sont les effets du système actuel et comment nous pouvons les corriger.

Qu'est ce que le système ?

Les organisations, quelle que soit leur taille, répondent à la loi du fonctionnement des groupes qui dit qu'un groupe est constitué de la somme de ses membres et d'une dynamique collective. La dynamique collective dépasse chaque individu pris isolément et elle est le reflet des comportements les plus répandus dans le groupe. En tant que dynamique, elle produit un système qui se développe pour lui-même à l'intérieur du groupe. Il en est de même pour la société dans son ensemble.

Nous sommes majoritairement dans des postures de rivalité et nous retrouvons cette rivalité dans notre dynamique collective sociétale. De même, nous avons tendance à accorder massivement trop d'importance à l'apparence et nous retrouvons la prépondérance du paraître sur l'être dans notre dynamique collective. Cette dernière produit un système qui se développe pour lui-même à l'intérieur de la société (voir page 66). Le système dont nous entendons si souvent parler, il est là, déconnecté des humains puisqu'il y a la dynamique collective entre les deux. Sa seule logique est une logique d'expansion de lui-même. C'est de l'organisation pour l'organisation, des procédures pour les procédures, des lois pour les lois, indépendamment du sens et indépendamment du fait qu'elles soient appliquées ou pas.

Caractéristiques du système actuel

L'accumulation de lois, de règles, de procédures, votées ou décidées souvent de manière hâtive, nous confronte à des décisions incohérentes qui viennent heurter notre exigence de sens. Nous présenter une solution à un problème qui ne règle pas vraiment le problème, ou qui est en contradiction avec d'autres obligations que nous avons par ailleurs, c'est une forme de violence.

Prenons un exemple dans le monde du travail, avec les procédures. Celles-ci permettent de décrire

Nos comportements les plus répandus créent le système

Société =

Individus :

- Posture d'apparentement ou de rivalité,
- Prise de décision réfléchie ou réactive,
- Respect des règles pour le bien commun ou transgression pour l'intérêt privé.

Dynamique collective :

- Reflet des postures les plus répandues.

Système humanisé
qui s'auto-entretient pour le bien-être des humains,
OU
Système déshumanisé
qui s'auto-entretient au détriment des humains.

la mise en œuvre d'une tâche pour ne rien oublier. Elles sont adaptées pour une tâche simple mais le sont moins, voire pas du tout, pour une tâche complexe. Premièrement, Il est impossible de tout décrire dans une procédure. Deuxièmement, elles ne peuvent pas prévoir tous les imprévus, alors qu'un agent expérimenté saura les prendre en compte et adapter son action en conséquence. Pourtant la généralisation des procédures nous est présentée comme étant une garantie de la bonne exécution du travail.

Le système en veut toujours plus, donc il est apparu des « procédures-qualité ». Elles évoluent sans arrêt et se multiplient, si bien que leur mise à jour et leur application nous prend beaucoup de temps. Cette surcharge de travail nous conduit à œuvrer ensuite dans la précipitation, ce qui est incompatible avec un travail de qualité. Prendre du temps est contraire à la logique d'expansion du système qui n'a que faire de la véritable qualité. Donc les procédures s'ajoutent les unes aux autres sans se préoccuper d'une cohérence.

Il se produit la même chose au niveau de la communication. Il y a une surenchère. Nous sommes sur-sollicités pour nous exprimer, pour voter, pour « liker » (aimer), etc. Il est quasiment impossible d'échapper aux enquêtes de satisfaction qui sont devenues systématiques après un contact avec une organisation ou après un achat. Nous savons qu'une note inférieure à 9/10 sera préjudiciable à la personne qui nous a servi. Si nous voulions signifier un mécontentement portant plus largement sur l'ensemble du service, nous évitons de le faire pour ne pas la mettre en difficulté. Nous savons donc que ces enquêtes sont biaisées mais paradoxalement elles nous influencent tout de même.

Communiquer, c'est aussi être présents sur les réseaux sociaux. C'est devenu presque indispensable pour exister, pour garder sa place dans les médias, pour éviter une éventuelle usurpation d'identité. Nous sommes invités à nous exprimer sur tout et n'importe quoi, si bien qu'Internet regorge d'expressions réactives, insensées, péremptoires, non respectueuses, violentes, d'autant plus qu'elles se font sous couvert d'un pseudo. L'important c'est de communiquer, le système n'a que faire de ce qui est dit.

Concernant les lois c'est pareil. Peu importe qu'il y en ait qui ne soient pas appliquées ou qu'elles se contredisent parfois, il en arrive toujours de nouvelles. La loi ne peut plus jouer son rôle, à tel point que les juristes reconnaissent parfois qu'il y en a trop parce que nous voulons en faire une pour chaque cas. Cette proliferation de lois de plus en plus précises, conjuguée avec l'adage qui dit que « tout ce qui n'est pas interdit par la loi est permis », produit des failles dans son application. Elle est censée prévoir toutes les formes d'infractions ce qui est impossible, parce que l'évolution de la société est trop rapide au regard du temps nécessaire pour faire évoluer le droit. Donc les lacunes sont nombreuses et les personnes qui veulent contourner la loi peuvent en profiter, d'autant plus lorsqu'elles ont les moyens de s'octroyer les services de juristes.

Autre effet délétère de la prolifération systémique des lois, il nous est impossible de les connaître toutes. Pourtant l'expression « nul n'est censé ignorer la loi » peut nous être opposable à tout moment. Il devient extrêmement compliqué d'organiser par exemple la moindre sortie scolaire ou la moindre petite manifestation populaire tellement il y a d'obligations légales à respecter. Les organisateurs s'épuisent, se lassent et finissent par baisser les bras. Les petites manifestations culturelles et festives de quartier ou de village sont en train de disparaître au profit d'événements à grande échelle, standardisés, qui tournent à grand renfort de publicité sur tout le territoire. Qu'importe, le système ne fait pas de sentiments, il n'a que faire des conséquences de cette déferlante législative.

Le système s'auto-entretient pour lui même, il faut que ça tourne, toujours plus vite et peu importe si ça ne tourne pas rond. Dans cet emballement, ceux qui veulent prendre le temps de réfléchir sont taxés d'être des enquiquineurs. Nous sommes pourtant légitimes à vouloir une véritable qualité du travail, une communication qui engage la personne qui parle, ainsi que des lois sensées, justes et surtout appliquées.

Changer le système

Remontons la chaîne de cause à effet qui produit le système, en partant du système. Nous passons par la dynamique collective qui n'est que le reflet de nos postures les plus répandues, avant d'arriver à nos propres postures individuelles. Nous avons vu que ces dernières sont modifiables puisqu'elles sont déterminées par notre éducation et par notre perméabilité à notre environnement social et sociétal. Donc, en nous reconnectant à nos exigences fondamentales et en nous ancrant massivement dans la posture d'apparentement, nous en retrouverons les caractéristiques dans notre dynamique collective. Nous pouvons raisonnablement penser que cela impactera le système qu'elle produit. Nous pensons qu'il peut y avoir un système vertueux.

Que nous cherchions à corriger le système ou la structure des organisations, cela nous ramène toujours à la nécessité d'un changement de comportement de notre part. Cette idée qu'il nous faut changer nous-mêmes nous inflige une petite blessure narcissique, mais celle-ci est vite compensée par la détente et le bien-être que nous ressentons lorsque nous abandonnons la posture de rivalité. Elle est aussi vite relativisée au regard de la nouvelle voie qui s'ouvre à nous, car nous comprenons qu'il est possible de modifier la méta-structure actuelle. L'apparition d'un espoir pour l'avenir favorise la cicatrisation de notre petite blessure narcissique.

QUELLE SOCIÉTÉ VOULONS-NOUS ?

Regarder le passé pour comprendre le présent et choisir l'avenir

Nous avons identifié deux grands problèmes de notre société : la structure pyramidale (des organisations et de la société) ainsi que l'emballement d'un système déshumanisé. Ils nous ont conduits à la situation actuelle. Une petite fraction de la population mondiale (1%) détient presque la moitié de la richesse mondiale et cette injustice produit une violence qui augmente inexorablement. Faire une rétrospective de l'évolution de deux courants de pensée dans l'histoire de la civilisation occidentale ouvre un nouvel axe de compréhension et d'action.

Le courant scientifique et technique

D'un côté il y a eu des personnes qui se sont engagées dans le développement technique, ce qui a permis dans un premier temps de résoudre des problèmes de survie de l'espèce. La sédentarisation et l'accès à une relative sécurité à ouvert les voies de la science, de la philosophie et de l'exploration de la planète, tandis que le progrès technique épargnait à l'humain des tâches éprouvantes et peu épanouissantes. Beaucoup plus récemment, le progrès informatique a contribué à l'accélération de la mondialisation de l'économie et à l'entrée dans l'ère de l'économie de la finance. Pour finir, des recherches scientifiques et techniques ont été accaparées (elles aussi) par des personnes déjà riches pour spéculer sur les futures découvertes. Tous les domaines d'activités sont concernés : le numérique, le médical, le spatial, la production agricole et industrielle, etc.

Concernant l'industrie. L'extraction des ressources naturelles devenant de plus en plus difficile, les multinationales investissent dans des procédés d'extraction innovants. Elles ne se préoccupent pas des dégâts collatéraux qu'ils provoquent sur la nature et sur les populations environnantes. Nous savons qu'il y a des collusions d'intérêts avec les hommes politiques ou des pressions qui s'exercent sur eux, qui font que les autorisations d'extractions sont signées. Ces nouveaux procédés nous sont d'ailleurs présentés par les hommes politiques et par les grands médias comme étant de belles avancées, c'est le progrès nous dit-on.

Le courant scientifique et technique nous fait croire que le progrès est l'extension sans limite de nos connaissances et de nos capacités techniques. Cette idée, conjuguée avec l'individualisme et le désir de sur-consommation, nous amène à penser que la clé de la liberté et du bonheur serait dans la satisfaction de nos désirs individuels sans restriction. Le désir ultime étant de vouloir ne pas vieillir, voire ne pas mourir.

L'expression commune « il n'y a pas de problèmes il n'y a que des solutions » nous incite à aller de l'avant sans réfléchir. Donc nous éludons la question suivante pourtant cruciale : au service de quoi le progrès est-il mis ? Ceux qui osent poser cette question sont taxés de vouloir « revenir à l'époque de la bougie ». Cette réponse montre que les tenants de ce courant scientifique et technique veulent à tout prix éviter une discussion argumentée sur ce sujet.

Revenons au début de l'histoire de notre civilisation pour voir quel est l'autre courant de pensée et comment il a évolué.

Le courant philosophique

Les religieux et les premiers philosophes se sont toujours interrogés sur le sens de leur existence et de leurs actions. Ces premiers penseurs raisonnaient à l'échelle d'une vie humaine, de l'organisation sociale de leur communauté et de ce qu'ils percevaient du cosmos à l'œil nu. Lorsque la planète a été appréhendée dans son ensemble, ils ont pensé la complexité du monde. Ce n'est qu'au début du XXe siècle que des penseurs ont interrogé l'impact de l'activité humaine sur la planète et sur l'humanité. En 1931, Paul Valéry ouvre cette question avec une phrase devenue très connue : « Le temps du monde fini commence ». Elle n'a pas eu les effets attendus... faisons un dernier retour en arrière pour comprendre pourquoi.

La conséquence dramatique de la scission des deux courants

Au cours de l'histoire, des personnes ont incarné l'unité de la connaissance dans laquelle étaient réunis le courant scientifique et technique et la réflexion philosophique. Hippocrate et Léonard de Vinci, entre autres, étaient à la fois des scientifiques et des philosophes. Avec le développement de la science, il est devenu impossible à un seul homme d'appréhender toutes les connaissances de son époque. Ces dernières ont alors été réunies dans des encyclopédies. Ensuite il est apparu une césure entre le courant scientifique et le courant philosophique. Elle est repérable avec l'apparition d'oppositions verbales. Il y a eu d'un coté les « sciences exactes » et de l'autre les « sciences humaines », ou encore les « sciences dures » et les « sciences molles ». Ces nominations ont induit une hiérarchisation qui a relégué le courant philosophique au second plan. La survalorisation de la science et de la technique est en cohérence avec la dynamique sociétale que nous décrivons dans ce livre, ce qui explique que de nombreux lycéens sont encore incités à suivre la filière scientifique sans tenir compte de leur préférence et de leur talent pour les filières littéraires, artisanales ou artistiques.

La survalorisation du courant scientifique et technique ainsi que sa course en avant ont renforcé la dynamique de consommation, puis celle de surconsommation.

Si nous continuons d'éviter la question de la finalité du progrès tout en poursuivant notre course en avant, nous irons tout droit vers plus de dégradations de la planète, plus d'écarts de revenus, et plus de compétition sociale. Nombreux seront nos concitoyens qui basculeront dans la pauvreté, processus qui a déjà commencé. La classe moyenne est en train de se paupériser, ce qui revient schématiquement à resserrer le haut de la métastructure tout en augmentant sa base (voir page 78). En extrapolant nous arriverons à une nouvelle métastructure sociétale que nous appelons le « Chapeau de Merlin ». L'augmentation de l'injustice sociale ne pourra que provoquer de plus en plus d'embrasements de violence. C'est nous tous qui les subirons.

Evolution de la société pyramidale vers une société en "Chapeau de Merlin"

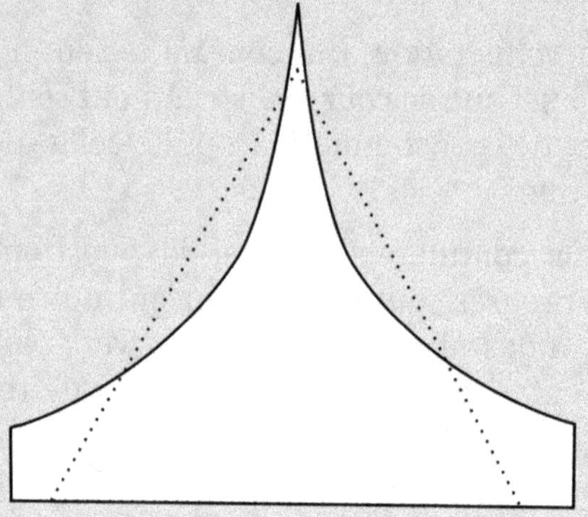

Les riches seront de plus en plus riches et il y aura de plus en plus de pauvres. La compétition sociale se durcira, la rivalité augmentera et la violence aussi.

Le courant altruiste et bienveillant

Heureusement, l'avertissement de Paul Valéry est maintenant pris au sérieux. Un grand nombre de personnes s'en emparent et il se crée de nombreux mouvements citoyens. Parmi ceux-là, il y en a un qui nous semble particulièrement pertinent, c'est le mouvement qui prône de ralentir les activités humaines. C'est le concept de « slow-life » (vie lente) pour prendre le temps de travailler, de manger, de se déplacer, de contempler la nature et les beaux ouvrages, etc. C'est très facile à mettre en œuvre et cela ne coûte rien. Nous réduisons de fait la pollution liée à l'activité humaine et nous pouvons prendre le temps de réfléchir au futur que nous voulons.

Freiner notre activité est un premier pas pour éviter d'aller tout droit vers le Chapeau de Merlin, cela nous donne du temps pour négocier un virage à 90°. Rien ne nous garantit que nous y parviendrons, mais l'enjeu étant considérable nous devons tout faire pour y arriver. Le « Osons l'optimisme ! » du titre du livre est donc un appel.

Ce « Osons l'optimisme ! » vise aussi à rendre visible la montée en puissance de la mobilisation de nos concitoyens pour améliorer la société. C'est pour nous comme un nouveau courant qui est en train de voir le jour, nous l'appelons « courant altruiste et bienveillant ». Il réunit à nouveau la recherche (scientifique et technique) et la philosophie pour mettre notre intelligence au service du bien commun et du bien-être pour tous.

Des documentaires, des conférences, des livres, de plus en plus nombreux, nous invitent à prendre conscience de la nécessité de réfléchir au sens de nos actes, ainsi qu'à leur impact à l'échelle de la planète. Un nouveau mode de vie apparaît, affranchi de la hiérarchisation et de la compétition sociale, affranchi aussi de l'influence de la mode et de la publicité qui nous poussent à sur-consommer. En achetant moins nous pouvons payer le juste prix du travail et faire vivre les acteurs économiques, nous désamorçons le processus d'aspiration de l'argent vers le haut. Nous collaborons au lieu de rivaliser, nous prenons le temps de profiter pleinement du présent, etc.

Continuer sur cette nouvelle voie revient sché-matiquement à repousser les bords de la méta-structure pyramidale vers l'extérieur. En extrapolant nous arriverons à une nouvelle méta-structure de société, trapézoïdale (voir page 81). Dans une orga-nisation trapézoïdale, les écarts de revenus seront structurellement contenus dans des proportions rai-sonnables et la compétition sociale s'estompera. Donc nous aurons moins peur et la violence, à son tour, diminuera.

En veillant à ce que le pouvoir politique ne soit pas supplanté par des intérêts privés nous pourrons stabiliser la structure. Le pouvoir politique aura réellement les moyens financiers de mettre en œuvre

Evolution de la société vers une société trapézoïdale

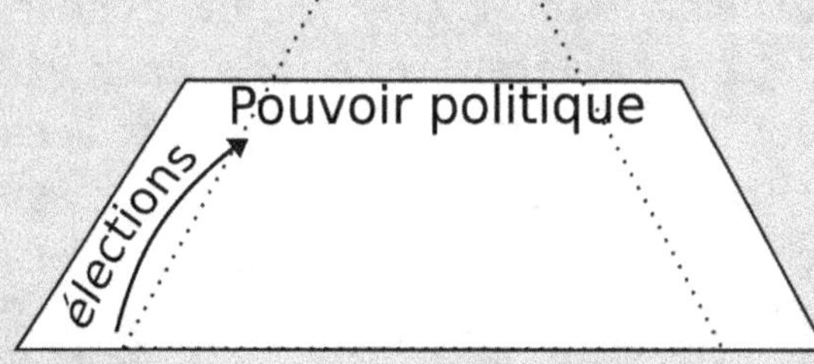

- Renoncer à la compétition sociale et adopter un mode de vie plus sobre, désamorcera le processus d'aspiration de l'argent vers le haut.

- Veiller à ce que le pouvoir politique ne soit pas supplanté par des intérêts privés redonnera du sens aux élections.

Nous pourrons ainsi réduire les inégalités sociales et adoucir la société.

le programme pour lequel il aura été élu ; donc les élections reprendront du sens. Il revient aux citoyens, dès à présent, d'élire des personnes qui incarnent vraiment ce courant altruiste et bienveillant et/ou de créer une nouvelle offre politique.

Pour autant la structure trapézoïdale n'est pas totalement satisfaisante. Nous considérons qu'elle n'est qu'une première étape, qui sera sans doute la plus difficile à atteindre. Une première chose qui peut nous aider, c'est de prendre conscience que le courant altruiste et bienveillant se développe à l'échelle planétaire. Il est aussi intéressant et rassurant de constater la diversité des voies qui convergent vers lui. Certaines personnes le rejoignent en arrivant par le chemin de la méditation, d'autres par celui de la politique, d'autres par la religion et d'autres (comme nous les auteurs) par leur simple exigence de sens, de justice et de paix.

La deuxième chose qui peut nous aider, c'est d'avoir une représentation claire et consensuelle de l'étape suivante.

VERS UNE STRUCTURE DE SOCIÉTÉ DÉSIRABLE

Le modèle d'organisation permaculturel

Il a été modélisé, il y a longtemps, une structure d'organisation en forme de fleur[13]. Chaque pétale représente une partie constituante de l'organisation, ce qui implique qu'aucune partie n'est survalorisée. Ce modèle provient de la permaculture. Il peut se décliner à toutes les échelles, depuis les plus petites organisations jusqu'à la société dans son ensemble (voir page 84).

A l'échelle de la société, chaque secteur d'activité est représenté par un pétale, aucun n'étant survalorisé par rapport aux autres. Cette égalité implique

---

13 Modélisation par deux Australiens, Bill MOLLISON et David HOLMGREN au cours des années 70.

Une société désirable

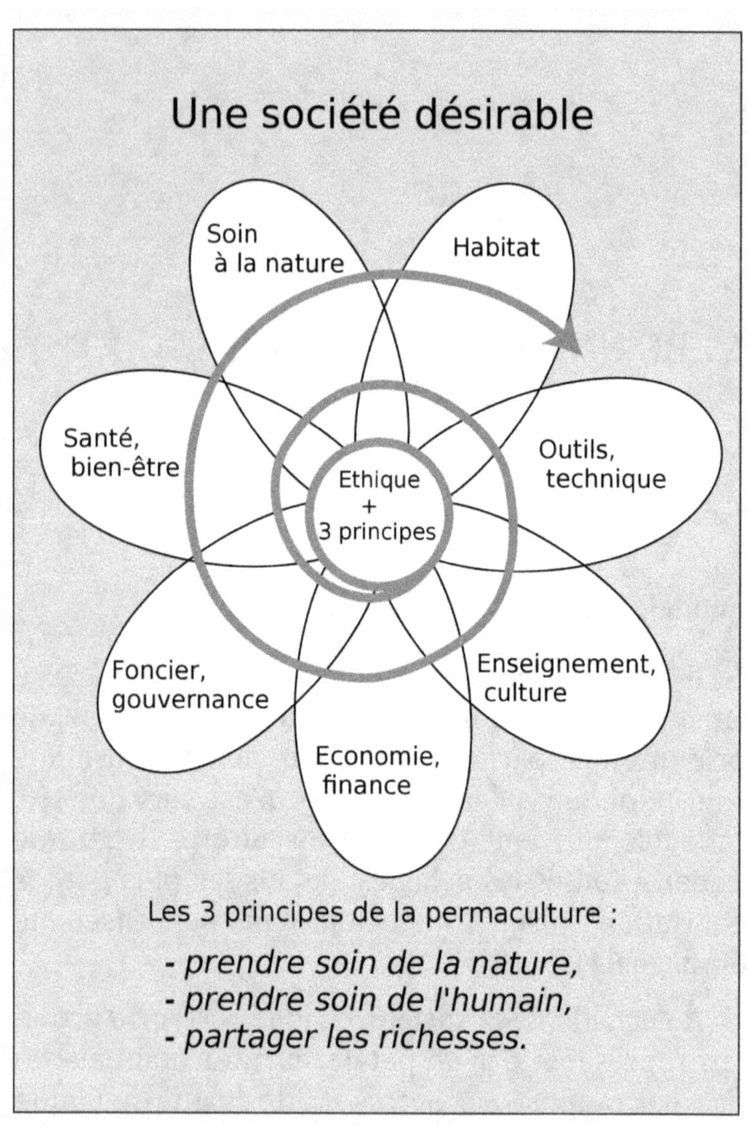

Les 3 principes de la permaculture :

- *prendre soin de la nature,*
- *prendre soin de l'humain,*
- *partager les richesses.*

que nous acceptions l'idée de notre égale valeur symbolique et de notre interdépendance les uns envers les autres.

Au cœur de ce modèle il y a l'Éthique et les trois principes fondamentaux de la permaculture qui sont : prendre soin de la nature ; prendre soin de l'humain ; partager les richesses. Les auteurs de ce modèle considèrent, tout comme nous, que c'est nous tous qui construisons notre société. Ils l'ont illustré par une flèche qui part du centre de la structure et qui traverse tous les secteurs d'activité. Cette flèche circulaire signifie que chacun de nous peut s'emparer des trois principes fondamentaux de la permaculture et modifier son comportement en conséquence, quelle que soit la place qu'il occupe dans la société : agriculteur ; policier ; entrepreneur ; avocat ; artisan ; artiste ; homme politique ; enseignant ; etc. Les auteurs parlent de « révolution douce ». L'expression peut surprendre, mais à la réflexion elle est pleine de sens. Il s'agit bien d'une révolution, d'un changement radical de paradigme ; pour autant cette transformation peut s'opérer sans passer en force contre quiconque.

Le simple fait de ne plus alimenter le processus d'aspiration de l'argent aura des effets. Arrêtons aussi d'admirer sans discernement les personnes qui gravissent les échelons de la méta-structure et celles qui sont propulsées au rang de stars. Nous pourrons ainsi garder notre capacité à interroger le sens et l'éthique de leurs actions. Ce sont nos changements de comportement et d'attitude qui porteront le message que nous voulons leur adresser. Gardons à l'esprit qu'elles ont les mêmes exigences fondamentales que nous. Elles pourraient, pour certaines d'entre elles, comprendre que l'intérêt commun est un intérêt supérieur qui est aussi finalement le leur.

Concernant les personnes que nous côtoyons dans les organisations pyramidales, n'hésitons pas à leur dire pourquoi nous voulons aller vers le modèle d'organisation permaculturel. N'hésitons pas à leur parler de ce qu'elles y gagneront. D'abord le bien-être de la détente lorsqu'elles ne seront plus tenues à l'hyper-vigilance pour conserver leur place. Un gain de temps quand elles ne désireront plus un train de vie excessif et ne seront plus obligées de se vouer entièrement au travail pour le maintenir. La liberté de circuler partout sans craindre pour leur personne ou leurs biens, car la jalousie, les rancœurs et la haine ne seront plus entretenues socialement. Elles pourront enfin goûter le temps passé avec ceux qu'elles aiment.

Les personnes qui resteront ancrées dans les process que nous devons abandonner (recherche exacerbée de rentabilité financière, accumulation, recherche exacerbée de reconnaissance narcissique), seront peu nombreuses et n'impacteront pas la société dans son ensemble.

Un modèle pour penser notre action à l'échelle du monde

Nous pensons que la méta-structure permaculturelle peut faire consensus, hormis pour les personnes qui s'acharnent à vouloir conserver la jouissance de leurs privilèges. Elle répond à toutes les facettes du défi de l'humanité. En prenant soin de la nature, de l'humain et en partageant les richesses, nous pourrions vivre tous ensemble en paix sur notre belle planète. Ce souhait, en devenant un objectif, implique de relever un défi démographique, en plus du défi écologique.

La planète étant un espace fini, il y a un nombre maximum d'humains au-delà duquel des conflits pour la survie de l'espèce humaine pourraient surgir. C'est pourquoi nous devons anticiper la régulation de la population mondiale. Nous savons que dans les pays dits « riches », la natalité a baissé, mais nous ne devons pas généraliser notre mode de vie actuel car il est trop coûteux en ressources naturelles. Pour vivre en sécurité, nous n'avons pas besoin de sur-consommer, nous avons plutôt besoin d'une organisation sociale et politique qui soit juste et raisonnable écologiquement. Pour qu'elle soit juste il faut qu'elle ne porte préjudice à personne, y compris à l'autre bout du monde. Pour qu'elle soit viable écologiquement, il faut qu'elle préserve les ressources naturelles, qu'elle protège la bio-diversité ainsi que l'équilibre entre la production de gaz carbonique et sa régulation par la végétation. Si ces nouvelles conditions de vie (sécurité et sobriété) ne suffisent pas à réguler la natalité, il nous faudra sans doute prendre une décision courageuse, légiférer sur le nombre d'enfants par couple au niveau mondial. Le double défi qui se présente à l'humanité (écologique et démographique) nous impose d'accepter des limites.

Arrêtons de vouloir accéder à nos désirs individuels sans restriction. Ces derniers génèrent des conflits, chacun se sentant dans son bon droit. Pour que nous puissions accepter et respecter des limites et des règles sociales il faut qu'elles soient sensées et justes. Nous y gagnerons alors une grande liberté de circuler en sécurité, partout et à toute heure. Il vaut mieux nous auto-limiter pour la paix sociale que par la peur, comme c'est le cas actuellement.

Accepter des limites, y compris le fait que nous soyons mortels, nous permettrait de vivre mieux en formant une véritable communauté humaine. Nous pourrions aussi remettre les priorités dans le bon ordre en prenant suffisamment de temps pour accueillir un nouvel être sur terre et pour nous relever de la perte d'un être cher. En somme, nous aurions enfin la capacité de prendre soin de nous, prendre soin des autres et prendre soin de la société.

Agir pour la société prend tout son sens car cela répond à notre attente qu'elle soit bienveillante envers nous. Nous allons, une fois n'est pas coutume, faire une proposition très concrète. Elle est facile à mettre en œuvre et ne coûte rien. Pour valoriser le fait de prendre soin de la société nous pourrions rajouter une rubrique « Action citoyenne » sur les curriculum vitae.

Voilà, nous arrivons au terme de notre analyse. Le modèle permaculturel qui en est l'aboutissement nous permet de comprendre que c'est à chacun de nous d'agir. Ce modèle peut aussi devenir un objectif consensuel. Visualiser ce vers quoi nous voulons nous diriger nous aide à surmonter les difficultés que nous pouvons rencontrer sur ce chemin. Pour nous aider un peu plus, nous proposons une définition du bien-être universel qui peut aussi faire consensus :

L'intégrité physique ;
La sécurité affective ;
Pouvoir éduquer ses enfants ;
Un sens à la vie.

Ce bien-être n'est pas gourmand en ressources naturelles, il met au premier plan la qualité de nos relations et la question du sens de la vie. Il n'y a pas de raison de ne pas y arriver à partir du moment où nous le désirons massivement, en mettant tout en œuvre dans ce but.

CONCLUSION

Nous espérons que la lecture de ce petit livre vous a permis de vous faire une représentation à la fois globale et précise de la situation à laquelle nous sommes confrontés, individuellement et collectivement. Nous espérons aussi vous avoir transmis l'idée qu'il faut que nous arrêtions de faire des efforts pour nous adapter à un modèle de société qui ne pourra jamais nous mener à plus de justice et plus de paix.

Que l'intérêt commun et l'intérêt individuel vont dans le même sens, sauf quand il y a des intérêts individuels excessifs.

Qu'une fois que nous avons compris cela, le changement s'opère, parce que nous nous repositionnons en modifiant notre comportement, jour après jour.

Que ce changement passe par un préalable incontournable qui est de nous ancrer dans le positionnement subjectif relationnel d'apparentement et dans le rapport symbolique au langage.

Que nous en retirons un bénéfice immédiat en terme de détente et de bien-être.

Que vivre tous ensemble en paix sur la Terre est un objectif atteignable et que ce n'est pas à nos seuls dirigeants d'œuvrer pour cela ; c'est notre affaire à chacun de nous.

Enfin que cette part de responsabilité n'est pas si difficile à assumer, surtout quand elle est partagée avec d'autres qui l'acceptent aussi.

Réjouissons-nous que le courant altruiste et bienveillant soit en train de se développer et continuons, avec détermination et sans relâche, à le renforcer.

LEXIQUE

Notre analyse nous a amenés à définir des concepts.

Apparentement
Disposition à s'accorder avec les autres avec bienveillance et empathie, au delà des différences.

Bien-être universel :
L'intégrité physique ;
La sécurité affective ;
Pouvoir éduquer ses enfants ;
Un sens à la vie.

Courant altruiste et bienveillant
Mouvement citoyen qui a pour exigence que le progrès scientifique et technique soit mis au service du bien commun et du bien-être universel.

Exigences fondamentales

Nous sommes tous porteurs de quatre exigences fondamentales : l'exigence de sens ; l'exigence de justice ; l'exigence de paix ; l'exigence d'amour. Nous pouvons être amenés à y renoncer, souvent inconsciemment, quand elles sont trop mises à mal par nos expériences de vie.

Langage au service de l'ego

Le langage sert à passer en force vis-à-vis des autres ou à se montrer supérieur.

Mode relationnel

Le mode relationnel est déterminé par la combinaison de deux postures relationnelles. Il y a trois modes relationnels : le mode relationnel d'apparentement (les deux interlocuteurs sont dans la posture d'apparentement) ; le mode relationnel de rivalité (les deux interlocuteurs sont dans la posture de rivalité) ; le mode relationnel discordant (l'un est dans la posture d'apparentement et l'autre dans la posture de rivalité).

Mode relationnel d'apparentement

La relation est régulée par ce que nous appelons le « rapport symbolique au langage » et la disposition de chacun à s'accorder avec l'autre. Les conditions sont réunies pour que la confiance s'installe, donc la relation est détendue. Chacun a une place symbolique assurée et de même valeur, ce qui permet de multiplier les interlocuteurs. L'intelligence collective se nourrit de leur diversité et il peut advenir de la joie.

Mode relationnel de rivalité

Le langage ne régule pas la relation car il est instrumentalisé pour prendre l'ascendant sur l'autre (« langage au service de l'ego »). Il n'y a que deux places possibles dans la relation, dominant ou dominé. Cet enjeu de place crée une tension qui procure de la jouissance. Cette dernière peut conduire à une violence physique et/ou psychologique sans limite. Multiplier les interlocuteurs aboutit à l'affrontement de deux camps.

Mode relationnel discordant

Relation dans laquelle l'un des interlocuteurs veut prendre l'ascendant sur l'autre. Ce dernier refuse de se soumettre tout en essayant de ne pas envenimer la relation. Ce mode relationnel est inévitablement tendu, du fait de la posture de rivalité de l'un des deux interlocuteurs. Dans un groupe, la présence de personnes qui veulent prendre l'ascendant sur le groupe (ouvertement ou non) crée un climat de tensions.

Plus-value-de-savoir

Nous nous sommes appropriés ce concept lacanien pour en donner la définition suivante. C'est le fait d'avoir raison ou d'apporter une information ou un point de vue intéressant. La plus-value-de-savoir provient de la capacité de chacun à réfléchir, indépendamment de son âge, de son instruction, etc. Dans le mode relationnel d'apparentement, la plus-value-de-savoir circule entre tous les interlocuteurs. Dans le mode relationnel de rivalité et dans le mode relationnel discordant, elle est accaparée par l'un des interlocuteurs.

Positionnement Subjectif relationnel (PS)

C'est pour une personne la façon dont elle a appris à être en relation. Si elle a acquis un PS d'apparentement, elle est principalement dans la posture d'apparentement ; si elle a acquis un PS de rivalité, elle est principalement dans la posture de rivalité ; si elle a acquis un PS fluctuant, elle change de posture sous l'influence de son interlocuteur ou du climat social.

Posture relationnelle

C'est la façon dont une personne se conduit au cours d'une relation. Sur un continuum il y a la posture relationnelle d'apparentement (bienveillance et empathie) à une extrémité et la posture de rivalité (se comparer à l'autre et le juger) à l'autre extrémité. La personne peut se déplacer sur ce continuum au cours d'une même relation.

Posture d'apparentement

Être disposé à composer avec l'autre dans une attitude bienveillante et empathique. La posture d'apparentement est intrinsèquement liée à ce que nous appelons le « rapport symbolique au langage ».

Posture de rivalité

Penser la relation comme un rapport de comparaison et de domination-soumission. La posture de rivalité est intrinsèquement liée à la jouissance et au « langage au service de l'ego ».

Rapport symbolique au langage

Les mots sont utilisés pour penser et pour ordonner ce qui se passe en nous, autour de nous et pour en dire quelque chose à l'autre sans chercher à le dominer. Dans le rapport symbolique au langage, le sens sert de point d'appui et la parole engage.

Rivalité

Disposition à se comparer à l'autre et à se sentir supérieur ou inférieur du fait de cette comparaison. Le sentiment de supériorité justifiant une prise d'ascendant sur l'autre ; le sentiment d'infériorité justifiant une soumission.

Structure d'organisation permaculturelle

Structure en forme de fleur dans laquelle chaque pétale représente une partie de l'organisation, aucune n'étant survalorisée. Au cœur de ce modèle il y a l'Éthique et les 3 principes fondamentaux de la permaculture qui sont : prendre soin de la nature ;

prendre soin de l'humain ; partager les richesses. Chaque membre de l'organisation agit en cohérence avec ces principes, ce qui pérennise la structure.

Structure d'organisation pyramidale

Organisation dans laquelle les places sont hiérarchisées. Celles du haut sont survalorisées et assorties de privilèges tandis que celles du bas sont dévalorisées et défavorisées. Les personnes qui sont en haut de l'organisation sont admirées tandis que celles qui sont en bas sont méprisées. La structure pyramidale valorise l'individualisme, la compétition sociale et la rivalité. Elle porte en elle structurellement une forme de violence.

Structure d'organisation trapézoïdale

Organisation dans laquelle il y a moins de compétition sociale que dans la structure pyramidale. Les écarts de traitement entre les personnes qui sont en haut de l'organisation et celles qui sont en bas sont contenus dans des proportions raisonnables. Dans le processus d'évolution d'une organisation pyramidale, la structure trapézoïdale est une étape intermédiaire qui permet ensuite d'œuvrer plus tranquillement pour accéder à la structure permaculturelle.

SOMMAIRE

RÉFÉRENCES

AZAM Geneviève

« Le temps du monde fini » . LLL – 2010

BILLÉ Michel

« La société malade d'Alzheimer ». ÉRÈS – 2014

COCHET Alain et HERLEDAN Gilles

« Jouissez ! C'est capital ». ÉDITIONS DU SEXTANT – 2008

COSTE Nathanael et DE LA MENARDIÈRE Marc

« En quête de sens ». Documentaire – 2015

DEJOURS Christophe

« Souffrance en France. La banalisation de l'injustice sociale ». SEUIL – 2014

DION Cyril et LAURENT Mélanie

« Demain ». Documentaire – 2015

LACAN Jacques

Séminaires I à XI. ÉDITIONS SEUIL. Nous nous sommes appropriés certaines notions lacaniennes, notamment celles de « stade du miroir » et de « plus-value-de-savoir ».

MEIGNANT Michel

« L'Odyssée de l'empathie ». Documentaire – 2015

POULAIN Henri, GOETZ Julien et LAPOIS Sylvain

« Démocratie(s) ». Documentaire – 2018

QUERALT Laurent et PERON Julien

« C'est quoi le bonheur pour vous ? ». Documentaire – 2017

RABHI Pierre

« Vers la sobriété heureuse ». ACTES SUD – 2010

ROBIN Marie-Monique

« Le monde selon Monsanto ». LA DÉCOUVERTE – ARTÉ ÉDITIONS – 2008

SERSIRON Nicolas

« **Dette et extractivisme. La résistible ascension d'un duo destructeur** ». ÉDITIONS UTOPIA – 2014

SERVIGNE Pablo et CHAPELLE Gauthier

« **L'entraide. L'autre loi de la jungle** ». LLL – 2017

STERN André

« **Semeurs d'enthousiasme. Manifeste pour une écologie de l'enfance** ». ÉDITIONS L'INSTANT PRÉSENT – 2014

TOUSSAINT Eric

« **Bancocratie** ». ÉDITIONS ADEN – 2014

WEISMAN Alan

« **Homos disparitus** ». FLAMMARION – 2007

ZIEGLER Jean

« **L'empire de la honte** ». LIVRE DE POCHE – 2007

© 2019, Anne Chesnot; Gilles Roullet
Édition : BoD – Books on Demand,
12/14 Rond-Point
des Champs-Élysées, 75008 Paris
Impression : BoD – Books on Demand,
Norderstedt,
Allemagne
ISBN : 978-2-3221-6587-2
Dépôt légal : janvier 2019

www.ingramcontent.com/pod-product-compliance
Lightning Source LLC
Chambersburg PA
CBHW051823250726

48659CB00005B/1653